Acair san talamh / Anchor in the land

Beth Frieden

Pollarding

*Who has looked at a tree and thunk
'This would be better if it were just trunk'*

* * *

Published in 2023 by
Stewed Rhubarb
Tarland, Aberdeenshire
www.stewedrhubarb.org

© 2023 Beth Frieden

The moral right of Beth Frieden to be identified
as author of this work has been asserted

Edited by Peter Mackay

Printed on recycled paper by Imprint Digital, UK

ISBN: 978-1-910416-28-0

5 – Acarsaid / Anchorage
6 – Ice language
7 – Cànan na deighe
8 – Love poem
9 – Duan gaoil
10 – Fireflies
11 – Cuileagan-sionnachain
12 – A' sireadh thaibhsean air tràigh a' Bhàgh Siar, Bhatarsaigh
13 – Easter Road
14 – distraction
15 – tarraing aire
16 – Augering/auguring
17 – Muc-mhara
18 – Babysitting
20 – Hens and jennies
21 – Leadaidhean circ-Fhrangaich
22 – Iron
23 – An suidheachadh
24 – Reducing a dislocation
26 – Naming of birds
27 – Fios-fithich
28 – An naoidheamh mìos / Ninth month
29 – Trees, clouds
34 – Harvey Bunbury

Acarsaid

Feumaidh cuid dhiubh a bhith àrd,
àrd agus sean,
rudeigin sàbhailte mun sin.
Acair san talamh,
cala airson cadal.
'S e craobhan a nì
dachaigh, dhomhsa.

Anchorage

Some of them should be tall,
tall and old,
something safe about that.
An anchor in the land,
a harbour for sleeping in.
It's trees that make a house
a home, for me.

Ice language

I've spent sixteen winters in New Hampshire,
if I count them, and still I've never gotten to hear
a lake ice over before. I hadn't realised
it was something to listen to, the ice

booming weirdly to itself, cracking
its back, its knuckles, its toes,
sending out occasional dubs
as it stretches and grows.

At night I shuffle across it from patch
to patch of unblown snow, lie down
out of the wind and gaze the stars,
facing away from the homes leaking light

and I wonder what it would be like
to record it over the whole week
of creation, and then play the slow
techno whalesong back, speeded up.

It probably wouldn't be in
a language we could understand.

Cànan na deighe

Chuir mi seachad sia geamhraidhean deug
ann an New Hampshire, ma chunntas mi iad,
agus cha chuala mi riamh roimhe an loch
a' reòthadh. Cha do thuig mi an deigh

mar rudeigin ri cluinntinn, a' rùchdail
dhi fhèin, a' cnagadh a rùdan,
a h-òrdagan, a druim, a' plosgadh
bho àm gu àm is i a' sìneadh, a' fàs.

Mis' a' srucadh air an oidhche bho bhad
gu bad sneachda, a' laighe sìos
air falbh bhon ghaoith, bho na taighean
a' sileadh solas, ach am faic mi

na reultan thar an locha, agus tha ceist orm
cò ris a bhiodh e coltach a chlàradh
tron t-seachdain cruthachaidh, is an t-òran
slaodach teacno a chluich air ais, nas luaithe.

Cha chreid mi gun tuigeamaid an cànan.

Love poem

My daughter wakes up in the night to poop
bleary and a little upset
and I clean her and carry her back to bed
and she settles back in, asks for a cuddle.

I give her a cuddle, first listening
to her lungs fill and empty, her heart
thumping away – small perfect machine –
then pressing my face against
her absurdly beautiful face
and as she softens further into sleep
she does some magic to me
and I feel the dark hard bullet of poison inside
start to melt, like ice with water
running underneath
when those little holes start to perforate it.

This is the feeling they kept talking about
when they talked about babies, the love
that heals your hollow body, and sometimes
I feel it, and it gives me hope.

Duan gaoil

Tha mo nighneag a' dùsgadh air an oidhche gus bab a leigeil
prabach is rudeigin troimh-chèile
agus glanaidh mi i is cuiridh mi air ais dhan leabaidh i
agus tha i a' socrachadh, a' faighneachd 'son cudail.

Bheir mi cudail dhi, ag èisteachd an toiseach
ri a sgamhan a' lìonadh 's a tràghadh, a cridhe
a' plosgartaich gu dìcheallach – inneal beag coileanta –
agus an uair sin a' brùthadh m' aodann ri
a h-aodann, bòidhchead thar ciall
agus fhad 's a bhios cadal ga bogachadh tuilleadh
nì i draoidheachd air choireigin orm
agus tha peilear dorch' cruaidh a' phuinnsein nam bhroinn
a' tòiseachadh air leaghadh, mar a leaghas deigh le uisge
a' ruith foidhpe, nuair a thòisicheas
na tuill bheaga sin a' fàs innte.

Seo an fhaireachdainn air an robh iad a-mach
nuair a bhruidhinn iad air leanabhan, an gaol
a shlànaicheas do chorp caoch, agus uaireannan
bidh mi ga faireachdainn, agus bheir i dòchas dhomh.

Fireflies

You thought we would have to go
somewhere remote and special
to find them.

Not that they would come to us,
appearing modestly
in suburban backyards

winking

                                                                          there

                    and there

                                                        and then everywhere

suddenly, bounteously, generously,
a reassurance of plenty.

Cuileagan-sionnachain

Shaoil thus' gum biodh againn ri siubhal
a dh'àiteigin iomallach, sònraichte
gus an lorg.

Chan ann gun tigeadh iad thugainn,
a' nochdadh gu socair
ann an gàrraidhean bailteach

a' priobadh
                              an siud
              agus an siud

                              agus gu h-obann air feadh an àite

gu fialaidh farsaing, a' cur nar cuimhne
gu bheil pailteas fhathast san t-saoghal.

A' sireadh thaibhsean air tràigh
a' Bhàgh Siar, Bhatarsaigh

Oidhche Shamhna gun ghealach, a' ghainmheach
a' cagarsaich air a' bhruaich. Cùl ri
cùl, fosgailte agus dùinte, roinn sinn
paidhir mhiotagan, is ghluais sinn
a dh'ionnsaigh langanaich na mara,
ise na cuthach air fàire, a' sireadh

an dealachaidh a bu dual rinn eadar
a' mhuir agus an tràigh. Sheas sinn ann am
fianais a' cheò a' tarraing anail,
a' tabhainn ar saoghail airson geasachd, ged
nach rachadh a h-aithneachadh. Bhioraich sinn
ach cha do bhioraich an Grioglachan.

Chùm sinn oirnn ag èisteachd ann,
agus ghlan na rionnagan sinn len solas fann.

Easter Road

the catch and release of your beauty
the loving ambush of it

when I am toiling back up the hill
with my messages
and I glance up
to see how far I have to go
and there, suddenly, are

the crags

framed crisply
by your tenements

as if someone had just
(that moment) had an idea
about cliffs

distraction

i am terrified under the surface all the time
and the ducklings are trusting and come
into the yard   they waddle up to me
with my camera   but ducks can't
understand the great harm we are doing
to them all the time   to everything all the time
every movement my body makes
surely i am killing something
all around me people are
cooking and living and sometimes
i can distract myself   picking blueberries
letting each fruit be the only thing
i am looking for   but i am not helping anyone
in my gathering   at the border there are
children as many as the berries and i am
not helping any of them
how can we be laughing here while there they are in cages
and the world is burning and our pale bodies
luxuriate in the sun   and the water
this paradise of summer
happening viciously at the same time
everything at the same time and
always too much and the only person
i am allowed to hurt and want to hurt
and also have the means to hurt
is myself

tarraing aire

an t-eagal orm an-còmhnaidh fon uachdar
ach na h-iseanan-tunnaig gun eagal a' tighinn
a-steach dhan ghàrradh   a' spàgail suas thugam
agus gam chamara   ach cha tuig tunnagan
an cron a nì sinn orrasan   fad na h-ùine
ris a h-uile rud   fad na h-ùine
leis gach gluasad a nì mo bhodhaig
feumaidh 's gu bheil mi a' marbhadh rudeigin
mun cuairt orm tha daoine
a' còcaireachd agus a' tighinn beò agus uaireannan
's urrainn dhomh m' aire a tharraing air falbh
a' togail dhearcan-gorma
agus gach meas milis coileanta an aon rud
a tha mi a' sireadh   ach chan eil mi a' cuideachadh
duine sam bith lem bhuain fhèineil
aig crìoch na dùthcha tha
uiread de chloinn ris na dearcan   agus chan eil mi
a' cuideachadh duine aca
ciamar as urrainn dhuinne a bhith ri mire an seo
agus iadsan ann an ceidsichean agus
an saoghal a' losgadh agus ar bodhaigean bàna
a' blianadh sa ghrèin   agus sa bhùrn
am pàras samhrachail seo
a' tachairt gu nimheil aig an aon àm
a h-uile rud aig an aon àm agus
fada cus an-còmhnaidh   agus an aon duine
as ceadaichte dhomh goirteachadh
agus a tha mi ag iarraidh goirteachadh
's e mi fhìn

Augering/auguring

My mom sends me a picture:
Your dad is out augering the lake

In the picture, I see Dad's figure
against the snow, feet touching the ice,
body bent over slightly, silhouette
running smoothly into the elegant metal
device making a neat
hole at his feet.

I feel, first,
a familiar intense relief at parental competence
a warm gladness to see him out there
measuring something, keeping somebody safe

and then
the dull certainty
without any auguring necessary
that one day he will not be
bores a neat hole in my stomach.

Muc-mhara

Nuair a nochdas i, bidh thu air a
gairm iomadh turas nad chridhe, is
fhathast thig iongnadh ort mar thonn.
Is e mìorbhail a th' innte, sailm na fonn.

Cuiridh i cèilidh ort, gad bhrosnachadh
airson cò aig' a tha fios ach ma tha
ise ann, agus beò, agus fìor, dè
nach gabh a dhèanamh? A' mhuc-mhara,

a cuideam gràsmhor gun chuideam, cho caomh,
cho trang, a' beannachadh a' chuain
na siubhal, na h-ealamaid fhèin, nas saillte
fiù 's na na deòir thaingeil a thig dhad shùil

an uair a nochdas i a-rithist
nad chuimhne, bliadhnaichean às dèidh a teachd.

Babysitting

The moment the parents leave,
and I am alone in the house now, but for a sleeping child
in another room, who I have not seen and may not see at all.
The specific peace of other people's houses.
Startling when a phone makes a sound.
Stroking a different cat, luring her to my lap.
Enjoying the food and drink they left for me,
the night to myself, a few hours to while.
Work for a teenager.
Not often I do this now
and it is a pleasure tonight.
A warm summer solstice,
the sun coming to a stop,
the year on a pivot,
I rocking in a chair
with jasmine coming through the window.

The moment before the parents leave,
I caught the scent of jasmine on the porch and
Arizona came to me. I looked to my friend.
Palestine for me, she said.
Both of us spinning out
through time and continents
between breath and breath.
What beautiful names.
What a gulf between myself in Arizona,
a teenager on family vacation,
and my friend in Palestine,
standing against brutality.

Babysitting

A' mhionaid a dh'fhalbhas na pàrantan,
is mi nam aonar san taigh a-nis, ach airson pàiste na suain,
ann an seòmar eile, nach fhaca mi is 's dòcha nach fhaic.
Sìth shònraichte taigh dhaoine eile.
Clisgeadh nuair a nì fòn fuaim.
A' sliobadh cat eadar-dhealaichte, ga tàladh gu m' uchd.
A' mealtainn a' bhìdh 's na dibhe a dh'fhàg iad dhomh,
an oidhche dhomh fhìn, corra uair ri caithris.
Obair do dheugaire.
Chan ann ro thric a-nis a nì mi seo
agus 's e tlachd a th' ann a-nochd.
Oidhche thlàth grian-stad an t-samhraidh,
a' ghrian a' tighinn gu stad,
a' bhliadhna air udalan,
mise a' tulgadh ann an cathair
iasman a' tighinn tron uinneig.

A' mhionaid mus do dh'fhalbh na pàrantan,
thog mi fàileadh an iasmain air a' phoirdse agus
is e Arizona a thàinig thugam. Choimhead mi ri mo charaid.
A' Phalastain dhomhsa, ars ise.
An dithis againn air siubhal
tro thìm agus mòr-thìrean
eadar anail agus anail.
Abair dà ainm bhòidheach.
Abair beàrn eadar mi fhìn ann an Arizona,
nam dheugaire air làithean-saora teaghlaich,
agus mo charaid anns a' Phalastain,
a' seasamh an aghaidh brùidealachd.

Hens and jennies

I don't know if anyone has already written
about how the wild turkey hens and jennies
with their enormous bodies
blooming out from their tiny heads
murmur sweetly to each other
like water over smooth pebbles –

how, when they appeared to us, they paraded
cautiously down the stairs in single file
then onto the frozen lake
after tidying the spilt birdseed
from the ground

they were so sociable
and I am not sure
why people describe them as cowardly birds
because I thought they were very calm

they let us come out on the porch and watch them
and try to take pictures
and they definitely saw us
but they didn't run off
they just browsed down to the ice
and burbled off into the distance –

but they should
somebody should write about it
it was an event.

Leadaidhean circ-Fhrangaich

Chan eil fhios a'm a bheil duine sam bith
air sgrìobhadh mar-thà
mu dheidhinn mar a bhios
na leadaidhean circ-Fhrangaich fhiadhaich
is am bodhaigean ana-mhòr
a' dòrtadh bhon cinn bheaga bhìodach
a' monmhar gu binn ri chèile
mar allt thar morghan

mar a rinn iad, an uair a nochd iad dhuinne,
sràideamachd fhaiceallach
sìos an staidhre aon ma seach
agus a-mach leotha air an loch reòite
às dèidh dhaibh an sìol a sgioblachadh
bhon talamh

bha iad cho sòisealta
is chan eil mi cinnteach
carson a bheireadh duine gealltaire orra
oir bha iad cho calma nam bheachd-sa

gun do leig iad leinn
tighinn a-mach air a' phoirdse gan coimhead
feuchainn ri dealbhan a thogail
is ged a chunnaic iad sinn
cha do theich iad, ach chùm iad orra
ag ionaltradh agus a' crònan
gus an deach iad a-mach à sealladh

ach bu chòir do chuideigin
an sgrìobhadh sìos;
b' e tachartas a bh' ann.

Iron

Iron filings in our blood aligning
one body seeking another like a
compass, pulling towards the other pole.

Sparks arc across carpet. The pure
electrical effort of resistance
crackles down the veins, ties knots in muscles.

The energy it takes to keep us from
colliding like atoms – the magnetised
mass of our bodies holding on, holding

back, looking away, never saying it –
could power this whole simmering city,
lights on in every restaurant, workers

hurling themselves round circuits,
building a charge in their fingers.

An suidheachadh

nuair a bhios seo seachad
aig a' cheann thall air an taobh eile
air an làimh eile

dorsan a' dùnadh slighean
a' fosgladh sùilean a' fosgladh

daoine a' siubhal daoine air sgur
a shiubhal cofhurtachd ann an
àireamhan uabhas ann an àireamhan

nar bàtaichean gloinne a' smèideadh
an t-astar eadarainn a' sìneadh

cianalas tuainealas
faochadh taomadh
lìonadh tràghadh falamh falbh

muir-làn ro làn a' feitheamh air muir-tràigh
naidheachd bhon taigh ann an làithean na plàigh

Reducing a dislocation

As part of a first aid course, I had been learning
how to reduce a dislocation

and when I went home my dad asked
do you want to come see me do that?
I have a patient who's got a pulled elbow
and I could ask her mom if you could observe

the mom said yes, and I watched my dad
speak gently to the toddler, take her hand,
explain to them both what he was going to do
and then just do it as he talked calmly, popping

the joint back in, and the toddler shrieked
for a moment and put her arms up
and then suddenly quietened
when she realised that it didn't hurt anymore

I watched my dad take that pain away
and put everything back where it should be
a place for everything and everything in its place
which doesn't work quite as well for people

the amount of dislocation can only be reduced
it cannot be undislocated relocated located
as the reduction approaches infinity
the emigrant approaches

the town she grew up in
only to notice how she still
doesn't quite fit into its socket
or move smoothly within it

and to find over and over again
that sometimes home is just people
and that the socket I fit into
is my father's arms

no matter where
we are standing

Naming of birds

I noticed this time,
walking in the woods with
my parents, how they make the birds
easier to hear and see.

Not that the birds come to them,
but that their love amplifies the birds,
clarifying each muffled call
naming the ones who would be to us only

little bird, piping bird
red bird, yellow bird
young bird, nestling
ruffled bird, black-capped bird
nesting bird
decorating bird
wintering bird
summering bird
bird of prey
chick, small bird

my parents' friendly faces
as open as daisies.

Fios-fithich

Mhothaich mi an turas sa,
's mi a' coiseachd sa choille còmhla
ri mo phàrantan, mar a nì iad na h-eòin
nas fhasa rim faicinn is rin cluinntinn.

Chan e gun tig na h-eòin thuca,
ach gu bheil an cuid gaoil gan toirt am follais
a' soilleireachadh gach smùdan smeurach
ag ainmeachadh na feadhainn nach bu dhuinne ach

eunan, drilleachan
deargan, buidheag
bìdean, sgallachan
garrag, ceann-dubhag
eun-neadachaidh
eun-sgeadachaidh
eun-geamhrachaidh
eun-samhrachaidh
luchd nan spuirean
pùdach, eòinean

aodainnean càirdeil mo phàrantan
cho fosgailte ri neòinean.

An naoidheamh mìos

Tu an dealan-dè a mharcaich a-mach
air an dealanaich, gealach fala is
tart ort. An seòmar sin agus am fear eile
a bh' ann aig an aon àm agus na tuinn
a' briseadh nam bhroinn, a' tanachadh
na h-uinneig eatarra

Ar cnuimheag bheag a' sìor-shireadh
beul ag obair, deala dhealasach

Is mise a' chuirm.

Ninth month

You the butterfly who rode out
on the lightning, blood moon and
a thirst on you. That room and the other room
that was there at the same time and the waves
breaking inside me, thinning
the window between them

Our little grub always seeking,
mouth working, passionate leech

I am the feast.

Trees, clouds

1.

architecture of trees
architecture of clouds
texture of trees
texture of clouds
architexture

2.

solidity, sinews,
to bend and not break
to break and grow back
archiving inside every year of its life
building on top
stretching out and up and down at once
truth
honesty
the strongest living thing

3.

visible time
visible air
so large you cannot see it all at once
structure you can see and cannot touch

4.

dendritic
arboreal

noctilucent
nacreous

5.

the accumulation of names
cumulus nimbus cumulonimbus
cirrus stratus cirrostratus
cirrocumulus stratocumulus altocumulus
cirrostratoaltocumulus
cirrostratoaltonimbus
cumulocumulocumulonimbus

nubilant
nubilous nebulous
nubile obnubile
obnubilate ennubilate
obnubilation
jubilation

6.

fir	pine	fig	elm
ash	gum	pear	yew
lime	teak	larch	oak
birch	beech	plum	spruce

cedar	pecan	alder	poplar

cypress	willow	maple	myrtle

rowan	hemlock	olive	apple

almond	chestnut	cherry	laurel

7.

trees
are the opposite
of clouds
except when they are both
billowing

Harvey Bunbury

When the cat leaves us
I know I will not sleep like
this again, without

his shape by my side
in the bed, in the way all
night long somehow, my

own furry Sandman,
the gentle vibration of
his purr beckoning

me to sleep, that slow
solace, rhythmic rumbling,
his wee body's warmth

and breadth, warmsoft breath,
in and out, really I feel
that death would not be

quite as much of a
disaster if I could go
with a cat purring

against my body;
that would be the last thing I
felt, just the endless

generosity
and benevolence of purr
into forever.

Harvey Bunbury

Nuair a dh'fhàgas an
cat sinn, tha fios nach caidil
mi a-rithist mar seo

às aonais a chruth
còmhla rium anns an leabaidh,
san rathad orm fad

na h-oidhch', Calum nan
Casan Clòimheach agam fhìn,
crith chaomh a chrònain

gam thàladh, sòlas
slaodach, rùchdail ruitheamach,
blàths a bhodhaig bhig

a' tarraing anail,
's ga leigeil, is cinnteach nach
biodh am bàs buileach

cho tàmailteach nam
b' urrainn dhomh falbh le cat
a' crònan taca

rium, agus sin an
fhaireachdainn mu dheireadh a
bhiodh agam, cataidh

chatail agus deagh
ghean a' chrònain deònaich, steach
leam dhan t-sìorraidheachd.

Stewed Rhubarb is Charlie Roy and Duncan Lockerbie.
We are a small, inclusive and independent Scottish press
that champions new and diverse poetry.

www.stewedrhubarb.org